# 公路全柔式沥青路面设计指南

Guide for Design of Highway Fully Flexible Asphalt Pavement

主编单位　山东高速股份有限公司
山东省交通科学研究院
青岛交通发展集团有限公司

哈爾濱工業大學出版社

**图书在版编目（CIP）数据**

公路全柔式沥青路面设计指南/山东高速股份有限公司，山东省交通科学研究院，青岛交通发展集团有限公司主编. —哈尔滨：哈尔滨工业大学出版社，2024.5
ISBN 978-7-5767-1267-4

Ⅰ. ①公… Ⅱ. ①山… ②山… ③青… Ⅲ. ①沥青路面-柔性路面-路面设计-指南 Ⅳ. ①U416.217-62

中国国家版本馆 CIP 数据核字（2024）第 048332 号

**公路全柔式沥青路面设计指南**
GONGLU QUANROUSHI LIQING LUMIAN SHEJI ZHINAN

策划编辑　王桂芝
责任编辑　陈雪巍
出版发行　哈尔滨工业大学出版社
社　　址　哈尔滨市南岗区复华四道街 10 号　邮编 150006
传　　真　0451-86414749
网　　址　http://hitpress.hit.edu.cn
印　　刷　哈尔滨圣铂印刷有限公司
开　　本　880 mm×1 230 mm　1/16　印张 2　字数 62 千字
版　　次　2024 年 5 月第 1 版　2024 年 5 月第 1 次印刷
书　　号　ISBN 978-7-5767-1267-4
定　　价　35.00 元

# 前　言

为了促进公路全柔式沥青路面设计的标准化、规范化，确保其具有良好的结构性能与使用性能，编制单位经广泛调查研究，在系统总结公路全柔式沥青路面技术研究成果的基础上，结合具体工程实际，围绕公路全柔式沥青路面的结构组合、设计指标、验算方法、质量控制、程序配套等各环节需要解决的主要技术问题，开展了科学研究与试验验证工作。在广泛征求意见的基础上，制定本指南。

在本指南实施过程中，可将发现的问题和对本指南的意见建议反馈至山东省交通科学研究院（地址：山东省济南市历城区港西路 1877 号；联系电话：0531-85903929；电子邮箱：846954711@qq.com），供修订时参考。

本指南按照 GB/T 1.1—2020 规定的规则起草。

本指南由山东省交通科学研究院提出并归口。

本指南主编单位：山东高速股份有限公司、山东省交通科学研究院、青岛交通发展集团有限公司。

本指南主编人员：王昊、马士杰、郭建民、王林、张新、韦金城。

本指南参编人员：章清涛、徐希忠、孙承吉、张晓萌、刘航、胡家波、史陈鹏、李玉鑫、符东绪、柳久伟、姚望、刘姗、王超、杜继新、马祥辉、孙兆云、王晓然、吴文娟、李征泉、闫翔鹏、王伟、徐书东、王凯、季正军、韩洪超、张磊、王玉飞、于连平、陈婷婷、王健、杨永富、李峰、夏雨、马硕、户桂灵、李洪利、徐钦升、张宸、李遵鹏、苏春华、赵子雪、卢立红。

# 目　次

# 1 总则

1.0.1 为指导公路全柔式沥青路面设计，制定本指南。

1.0.2 本指南适用于高速公路和一级公路的新建、改建及大修工程，二级及以下公路可参照执行。

1.0.3 在改、扩建时，应遵循利用与改造相结合的原则，合理利用既有路面材料。

1.0.4 应在调查沿线路基土质与湿度的基础上，进行路基路面一体化设计。

1.0.5 公路全柔式沥青路面应采用典型结构设计法，并辅以必要的结构验算。

1.0.6 路面基础应具有足够的稳定性和耐久性，并达到设计要求的承载力。

1.0.7 公路全柔式沥青路面设计应突出结构层功能，并考虑社会、环境与经济效益，突出“绿色、节能、安全、耐久”的设计理念。

1.0.8 应积极稳妥地采用技术可靠、经济合理的新材料、新设备、新工艺和新技术。

1.0.9 对于盐渍土、膨胀土、红黏土及湿陷性黄土等特殊土壤条件下的公路全柔式沥青路面设计，除应符合本指南的规定外，尚应考虑地域性，结合当地成熟经验与成果，采取相应的技术措施。

1.0.10 本指南未尽事宜请参照现行相关国家和行业有关标准、规范的规定。

# 2 术语和符号

## 2.1 术语

2.1.1 **全柔式沥青路面** fully flexible asphalt pavement

直接在路基上或者在改良后的路基上铺筑单层或多层沥青混凝土层的沥青路面结构。

2.1.2 **设计使用年限** design working/service life

路面结构设计中规定路面不产生结构损坏的预定使用年限。

2.1.3 **当量轴次** equivalent single-axle loads

按当量损坏原则，将不同轴载作用次数换算为设计轴载的当量作用次数。

2.1.4 **当量设计轴载累计作用次数** cumulative equivalent single-axle loads

设计使用年限内，单车道累计当量作用次数。

2.1.5 **路基刚度补偿层** stiffness compensation layer of subgrade

为提高路基承载力及湿度状态而设置的粒料层或低剂量水泥稳定碎石层。

2.1.6 **路面结构层功能设计** functional design of pavement structure layer

根据层位分工理论，对全柔式沥青路面结构层材料实现按需精准设计。

2.1.7 **抗滑磨耗层** anti-skidding layer

全柔式沥青路面结构中起抗滑、耐磨耗作用的结构层，一般指结构上面层。

2.1.8 **抗疲劳层** long life asphalt pavement

在沥青路面结构中设置于沥青层底，起抗疲劳作用的功能层。

2.1.9 **高模量耐疲劳沥青混合料** durable high-modulus asphalt mixture

在 25 ℃、10 Hz 条件下，两点弯曲复数模量不小于 14 000 MPa，且在 10 ℃、2 Hz 条件下，百万次疲劳破坏应变不小于 130 με（微应变）的沥青混凝土。

2.1.10 **轴载谱** axle load spectrum

各种车辆不同轴重的概率分布。

## 2.2 符号

本指南符号、代号及意义详见表 2.1。

**表 2.1　符号、代号及意义**

| 符号或代号 | 意义 |
| --- | --- |
| BZZ-100 | 标准轴载（双轮组单轴载 100 kN） |
| CBR | 加州承载比 |
| RAP | 回收沥青路面材料 |
| SBS | 苯乙烯-丁二烯-苯乙烯嵌段共聚物 |
| SMA | 沥青玛蹄脂碎石混合料 |
| EME | 高模量耐疲劳沥青混合料 |

# 3　设计标准

3.0.1　新建公路全柔式沥青路面结构设计使用年限可参考表 3.1 或根据工程实际、经济、交通荷载等级等因素综合确定。

**表 3.1　新建公路全柔式沥青路面结构设计使用年限**

| 公路等级 | 设计使用年限/年 | 公路等级 | 设计使用年限/年 |
| --- | --- | --- | --- |
| 高速公路、一级公路 | 40 | 三级公路 | 15 |
| 二级公路 | 20 | 四级公路 | 10 |

3.0.2　路面设计应采用双轮组单轴载 100 kN 作为标准轴载，以 BZZ-100 表示。设计轴载参数见表 3.2。

**表 3.2　设计轴载参数**

| 设计轴载/kN | 轮胎接地压强/MPa | 单轮接地当量圆直径/mm | 两轮中心距/mm |
| --- | --- | --- | --- |
| 100 | 0.7 | 213 | 319.5 |

3.0.3　公路全柔式沥青路面所承受的交通荷载应按表 3.3 进行分级。

**表 3.3　交通荷载分级**

| 设计使用年限内设计车道累计大型客车和货车交通量/（$\times 10^6$ 辆） | <1.5 | 1.5~5.0 | 5.0~9.0 | 9.0~20.0 | ≥20.0 |
| --- | --- | --- | --- | --- | --- |
| 交通荷载分级 | 轻 | 中等 | 重 | 特重 | 极重 |

注：大型客车和货车为《公路沥青路面设计规范》（JTG D50—2017）的附录 A 中表 A.1.2 所列的 2 类~11 类车。

3.0.4　公路全柔式沥青路面设计应控制沥青混合料层疲劳开裂、永久变形及路基顶面竖向压应变。

3.0.5　路面使用性能设计指标应满足下列要求：

（1）结构在设计使用年限内的累计交通量按本指南附录 A 计算。

（2）按本指南附录 B 计算的沥青层底弯拉应变不应大于容许弯拉应变。

（3）在表面功能层的设计使用年限内按现行《公路沥青路面设计规范》（JTG D50—2017）计算的沥青混合料层永久变形量不应大于 15 mm。

（4）路基顶面竖向压应变计算值（计算压应变）不应大于容许压应变。

（5）路面各层沥青混合料的综合贯入强度应符合现行《公路沥青路面设计规范》（JTG D50—2017）的有关规定。

3.0.6　抗滑磨耗层技术指标应满足表 3.4 中的要求。

表 3.4　抗滑磨耗层技术指标

| 年平均降雨量/mm | 横向力系数 $SFC_{60}$[①] | 构造深度 TD[②]/mm | |
|---|---|---|---|
| | | SMA-13 | 其他 |
| >1 000 | ≥54 | 0.8～1.1 | ≥0.55 |
| 500~1 000 | ≥50 | | ≥0.50 |
| ＜500 | ≥45 | | ≥0.45 |

注：①$SFC_{60}$ 指用横向力系数测试车，在 60 km/h±1 km/h 车速下测得的横向力系数。

②TD 为构造深度，可用铺砂法或激光构造深度仪测定。

# 4　结构组合设计

## 4.1　一般规定

4.1.1　公路全柔式沥青路面结构组合设计应遵循路基路面综合设计要求，结合全寿命周期分析，保证路面结构耐久、安全及经济合理。

4.1.2　公路全柔式沥青路面结构组合设计包括路面结构层材料选择、厚度确定及功能层设置，应注重结构层功能划分，并使之与路面结构性能相协调。

4.1.3　应注重土基刚度补偿层、黏层及透层等功能层设置。

4.1.4　各结构层材料应满足本指南第 5 章的有关规定。

4.1.5　结构设计中应采取表面、中央分隔带及路面内部排水措施。

## 4.2　路面结构组合

4.2.1　应根据结构层功能需求进行材料组成设计。

4.2.2　各结构层性能应协调匹配，使得整个路面结构性能及寿命达到均衡状态。

4.2.3　推荐采用全厚式沥青路面结构组合，该路面结构组合包含抗滑磨耗层、抗车辙层、承重层、抗疲劳层 4 类结构层。其中，抗滑磨耗层和抗车辙层属于面层；承重层又称作基层，分为上基层和底基层。具体可参见附录 C。

4.2.4　典型结构厚度为推荐值，可根据工程实际适当调整。

4.2.5　季冻区公路全柔式路面结构厚度应满足防冻厚度要求，否则应增设防冻层，防冻层宜采用级配碎石。

4.2.6　级配碎石层顶面应设置透层，各沥青层之间应设置黏层。

## 4.3　路基

4.3.1　路基应稳定、耐久，可为路面提供长久、坚实的支承，必要时可采用路基改善措施或设置由级配碎石、低剂量水泥稳定碎石等组成的路基刚度补偿层。

4.3.2　新建公路路基应处于干燥或中湿状态。应加强填挖交界处及路堑段的排水设计，改善路基的水文状况。

4.3.3　岩石及填石路基段应设置整平层，宜采用级配碎石，厚度不宜小于 150 mm。

4.3.4　公路全柔式沥青路面结构适用于路基高度大于 2 m，基本不受地下毛细水影响，平衡湿度稳定的路基段。对路基状态不佳及软土路基路段，宜设置 1 层或 2 层的级配碎石作为路基改善层，每层厚度不宜小于 15 cm。

# 5　材料性质要求及参数

## 5.1　一般规定

5.1.1　应根据设计要求、气候条件、各结构层功能要求和地材特性，在技术经济论证基础上选择材料和确定材料设计参数。

5.1.2　各结构层组成材料的原材料品质和技术要求、混合料组成设计方法和施工技术指标要求，应符合现行《公路沥青路面施工技术规范》（JTG F40—2004）的有关规定，结合工程实际和当地经验确定。

## 5.2　路基

5.2.1　路基设计应符合现行《公路路基设计规范》（JTG D30—2015）及《公路工程技术标准》（JTG B01—2014）的有关规定。

5.2.2　路堤标高宜超过干燥状态的临界高度，使路床处于干燥状态；当路堤标高不足时，应设置垫层或采取措施降低地下水位。

5.2.3　路基填料应满足路基强度和回弹模量的要求。当路基填料无法满足上述要求时，须更换填料或进行改良处理。

## 5.3　路基改善层

5.3.1　为提高路基承载能力，路基顶面须设置一定厚度的灰土处置改善层，改善层厚度及结合料掺量应根据路基顶面强度及回弹模量的要求确定，当承载力较弱、改善土效果不明显时，可设置一定厚度的级配碎石或低剂量稳定碎石。

5.3.2　路基改善层应优先选用级配较好的砾类土、砂类土等粗料土作为路基填料，泥炭、淤泥、冻土、强膨胀土、有机质土及易溶盐超过允许含量的土等不得用于该层。路基改善层的土质要求详见表 5.1。

**表 5.1　路基改善层的土质要求**

| 项目 | 技术要求 |
|---|---|
| 最大粒径/mm | ≤53 |
| 均匀系数 | ＞10 |
| 液限/% | ≤40 |
| 塑性指数 | ≤12 |
| 有机质含量（质量分数）/% | ＜2 |

5.3.3　路基等级及要求。路基改善层顶面按路基回弹模量的不同划分为 3 个等级，分别为 S1、S2、S3，应根据不同的设计要求选用相应的等级。不同路基回弹模量对应的路基弯沉值见表 5.2。

**表 5.2　不同路基回弹模量对应的路基弯沉值**

| 等级 | 路基回弹模量/MPa | 路基弯沉值/ mm |
|---|---|---|
| S1 | 90~120 | 1.3~1.8 |
| S2 | 120~150 | 1.1~1.3 |
| S3 | 150~200 | 0.9~1.1 |

## 5.4　级配碎石改善层

5.4.1　当路堤顶面标高小于干燥状态的临界高度时，应设置级配碎石改善层。

5.4.2　级配碎石改善层应铺设在稳定、密实、抗冲刷性能好的结构层上，摊铺厚度宜为 10～15 cm，且级配碎石底部应设置防水功能层及相应的排水设施。

5.4.3　级配碎石的 CBR 值不应小于 200，最大公称粒径不宜大于 26.5 mm，0.075 mm 筛孔通过率不宜大于 5%。

5.4.4　在结构验算时，设计参数的取值应符合现行《公路沥青路面设计规范》（JTG D50—2017）的有关规定。

## 5.5 沥青混合料结构层

5.5.1 沥青混合料结构层的承重层可进一步进行功能组合，通常分为密级配沥青混合料组合、密级配沥青混合料+排水抗裂层组合、密级配沥青混合料+疲劳抗裂层组合以及密级配沥青混合料+排水抗裂层+疲劳抗裂层组合 4 类。

5.5.2 沥青混合料结构层各功能层适用的材料类型见表 5.3。混合料施工层厚度应与最大公称粒径相匹配。

**表 5.3 沥青混合料结构层各功能层适用的材料类型**

| 功能层 | 材料类型 | | 最大公称粒径/mm | 备注 |
| --- | --- | --- | --- | --- |
| 面层 | SMA-13、SMA-10、AC-13或超薄磨耗层材料 | | 13.2 或 9.5 | 改性沥青混合料 |
| | AC-20、EME-20 | | 19 | 改性沥青混合料或高模量耐疲劳沥青混合料 |
| 基层 | 密级配沥青混合料 | AC-25、ATB-25 | 26.5 | 普通沥青混合料、改性沥青混合料或高模量耐疲劳沥青混合料 |
| | 排水抗裂沥青混合料 | LSPM-25、LSPM-30 | 26.5 或 31.5 | 改性沥青混合料 |
| 抗疲劳层 | 抗疲劳层混合料 | AC-13F、AC-10、AC-5 | 13.2、9.5 或 4.75 | 改性沥青混合料或高模量耐疲劳沥青混合料 |

# 6 路面结构验算

## 6.1 验算参数

应根据实测的气候参数、交通参数及材料参数对路面结构进行验算。

6.1.1 气候参数。气候参数为当地气候数据库内的参数，主要包括温度年小时或日均分布和降雨量。

6.1.2 交通参数。交通参数通过类似交通条件道路的实测轴载谱选取。

6.1.3 材料参数。沥青层的材料参数采用 10 Hz 加载频率的动态弯拉模量，土基、粒料的材料参数采用抗压回弹模量。

## 6.2 验算方法

可根据设计需要，以允许值不小于计算值为指标进行结构验算。

6.2.1 疲劳寿命验算。以轴载谱、温度、材料模量、结构层厚度作为主要输入参数，以沥青混合料层底的计算弯拉应变 $\varepsilon_t$ 小于等于容许弯拉应变 $\varepsilon_{t\text{-allow}}$ 为指标进行路面结构疲劳寿命验算。

6.2.2 永久变形量验算。公路全柔式沥青路面永久变形量验算应符合现行《公路沥青路面设计规范》JTG D50—2017 中附录 B.3 的有关规定。

6.2.3 低温开裂指数验算。公路全柔式沥青路面低温开裂指数验算符合现行《公路沥青路面设计规范》JTG D50—2017 中附录 B.5 的有关规定。

6.2.4 土基永久变形量验算。土基永久变形量验算以路基顶面计算压应变 $\varepsilon_z$ 小于等于容许压应变 $\varepsilon_{z\text{-allow}}$ 为指标。

## 6.3 路面结构验算步骤

路面结构验算步骤如图 6.1 所示。

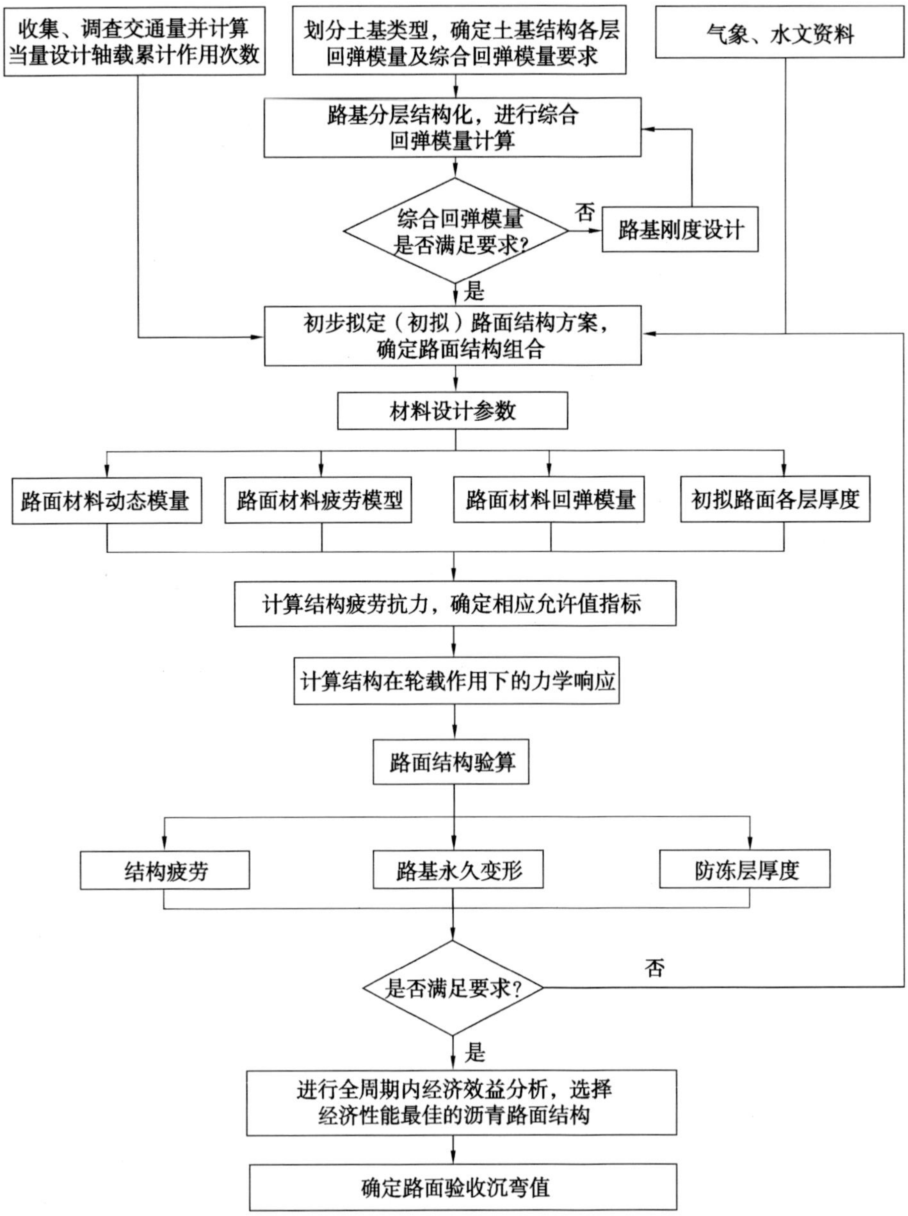


图 6.1　路面结构验算步骤

# 7　质量控制

## 7.1　一般规定

7.1.1　公路全柔式沥青路面建设应根据全面质量管理的要求，建立健全有效的质量保证体系，对施工各工序的质量进行检查评定；应加强施工过程的质量控制，实行动态质量管理，确保工程施工质量。

7.1.2　宜采用三级质量管理体系：施工自检质量控制体系（quality control，QC）、工程监理抽检质量保证体系（quality assurance，QA）、质量监控单位质量验证体系（quality verification，QV）。公路全柔式沥青路面施工质量管理体系工作内容见表 7.1。

**表 7.1　公路全柔式沥青路面施工质量管理体系工作内容**

| 质量管理体系 | 总体频率 | 工作内容 | 检测数据报送 |
|---|---|---|---|
| QC | 100% | 原材料考察及进场检验、配合比设计、试验段检验评价、生产过程中控制检验及交工检查验收 | 报送监理工程师与业主，由业主转送技术咨询单位 |
| QA | 20%（不宜低于 QC 总体频率的 20%） | 同 QC | 报送业主，由业主转送技术咨询单位 |
| QV | 必要时 | 原材料考察及进场检验、试验段检验评价，必要时在原材料进场过程中、混合料生产过程中、交工检查验收中及有质量缺陷时进行验证检验 | 报送业主，必要时由业主转送监理工程师 |

## 7.2　路基质量控制

7.2.1　路基分层验收。

（1）压实度检验：采用密度法，每一作业段终压完毕后，由现场自检人员按每 200 m、每压实层选 4 处进行检验。

（2）厚度测量：在灌砂试验中，用钢尺测量厚度。

（3）平整度检验：采用 3 m 直尺，每 200 m 测 2 处，每处连续测 10 尺。

（4）纵断面高程、横坡度检验：在碾压完毕后，采用水准仪，每 40 m 检验一个断面。

（5）结合料剂量检验：由工地实验室从施工现场取样，取样时取全深；采用滴定法进行检验，检验时每组至少取 6 个样品。

7.2.2　路基顶部实测：路基顶部实测项目的具体要求见表 7.2。

**表 7.2　路基顶部实测项目的具体要求**

<table>
<tr><th>项次</th><th colspan="3">实测项目</th><th>规定值</th><th>允许偏差</th><th>检验方法</th></tr>
<tr><td rowspan="5">1△</td><td rowspan="5">压实度/%</td><td rowspan="2">零填及挖方深度</td><td rowspan="2">0～0.80 m</td><td rowspan="2">≥96</td><td>—</td><td rowspan="5">按 JTG F80/1—2017 附录 B 检查；<br>采用密度法，每一作业段终压完毕后，由现场自检人员按每 200 m、每压实层选 4 处进行检验</td></tr>
<tr><td>—</td></tr>
<tr><td rowspan="3">填方深度</td><td>0～0.80 m</td><td>≥96</td><td>—</td></tr>
<tr><td>0.80～1.50 m</td><td>≥94</td><td>—</td></tr>
<tr><td>>1.50 m</td><td>≥93</td><td>—</td></tr>
<tr><td>2△</td><td colspan="3">弯沉值/（$\times 10^{-2}$ mm）</td><td>不大于设计要求值</td><td>—</td><td>按 JTG F80/1—2017 附录 J 检查</td></tr>
<tr><td>3</td><td colspan="3">纵断面高程/mm</td><td>—</td><td>+10，−15</td><td>采用水准仪，每 200 m 测 4 个断面</td></tr>
<tr><td>4</td><td colspan="3">中线偏位/mm</td><td>—</td><td>±50</td><td>采用经纬仪，每 200 m 测 4 点；弯道加测 HY、YH 2 点（HY 为缓和曲线与圆曲线的交点；YH 为圆曲线与缓和曲线的交点）</td></tr>
<tr><td>5</td><td colspan="3">宽度/mm</td><td>符合设计要求</td><td>—</td><td>采用米尺，每 200 m 测 4 处</td></tr>
<tr><td>6</td><td colspan="3">平整度/mm</td><td>—</td><td>±15</td><td>采用 3 m 直尺，每 200 m 测 2 处，每处连续测 10 尺</td></tr>
<tr><td>7</td><td colspan="3">横坡度/%</td><td>±0.3</td><td>—</td><td>采用水准仪，每 200 m 测 4 个断面</td></tr>
<tr><td>8</td><td colspan="3">边坡</td><td>符合设计要求</td><td>—</td><td>采用尺量，每 200 m 测 4 处</td></tr>
</table>

注：带“△”的为关键项目。

## 7.3 沥青混合料材料质量控制

7.3.1 原材料质量控制。

（1）考察及准入检验：在料源的确认阶段及在施工过程中变更料源时，应对各种原材料进行全面的质量检验。

（2）进场检验：施工单位应在原材料进场前以“批”为单位进行关键指标的质量检验工作，原材料经评定合格后方可使用。

（3）生产过程中的控制检验：施工、监理、质量监控单位在生产过程中分别对已进场原材料的关键技术指标进行抽检，监测其波动情况。

7.3.2 混合料质量控制。

在混合料生产过程中，根据质量控制要求，按规定的频率对混合料各项技术指标进行抽查验证。

7.3.3 现场检测。

现场检测分为试验段质量评价、施工过程控制、交工验收 3 个阶段，在每个阶段，施工、监理、质量监控单位（必要时）按规定的频率对现场质量进行检测。

7.3.4 抽样原则。

1. 原材料及混合料

集料的取样方法应符合现行《公路工程集料试验规程》（JTG E42—2005）中“粗集料取样法”（T 0301—2005）的有关规定，沥青及沥青混合料的取样方法分别应符合现行《公路工程沥青及沥青混合料试验规程》（JTG E20—2011）中“沥青取样法”（T 0601—2011）和“沥青混合料取样法”（T 0701—2011）的有关规定。

2. 现场测定

现场测定采用随机取样，测点位置的确定应符合现行《公路路基路面现场测试规程》（JTG 3450—2019）中附录 A 及“选点方法”（T 0902—2019）的有关规定。同时，对特殊部位（如施工接缝、边缘部位和离析带等）适当增加检测频率。对于连续测量的自动化检测设备，不必按该方法进行。

3. 集料及成品料的取样、缩分

集料及成品料取样操作要点见表 7.3。集料及成品料缩分操作要点见表 7.4。

**表 7.3 集料及成品料取样操作要点**

| 样品名称 | 取样部位 | 取样操作要点 |
|---|---|---|
| 冷粗集料 | 皮带输送机 | 1. 取样应在皮带输送机的出料口，用接料器定时抽取若干份料样，经混合后成为 1 份代表性的试样；<br>2. 取样时应在皮带的全宽度上采集，以避免集料在宽度方向的离析 |
| | 冷料堆 | 1. 应在料堆的上、中、下几个均匀分布的部位取大致相等量的料样，混合后作为 1 份代表性的试样；<br>2. 不应在料堆底脚处和顶部取样；<br>3. 取样时应移去料堆表面的集料，用方边铁锹铲入料堆内部取样；<br>4. 为避免取样时料堆上方的粗集料向下滚落，可在取样处上方架一挡板 |
| 热粗集料 | 热料仓下方 | 1. 各热料仓取样应在全宽度上进行；<br>2. 沥青混合料搅拌设备常配置有专门的取样小车，如没有，应在热料仓下方焊上几根钢杆用以支承取样器，并将所取料样拌和均匀后作为 1 份试样 |

续表 7.3

| 样品名称 | 取样部位 | 取样操作要点 |
| --- | --- | --- |
| 热粗集料 | 搅拌缸下方 | 1. 在取样前，搅拌缸和计量斗内的材料均应放空；<br>2. 在其余热料仓仓门关闭的状态下，将所需采样的热料仓的粗集料卸入计量料斗至一定的量，不得在计量料斗斗门打开的情况下直接将粗集料放入搅拌器下方的接料斗，以免由于下落高度太大而形成粗集料离析；<br>3. 在搅拌缸卸料门全开的情况下，将接料用的装载机铲斗升高至尽可能接近搅拌缸卸料口的下方；<br>4. 在手动操作状态下将计量斗内的热粗集料放入装载机铲斗内；<br>5. 为了减少部分细集料黏在计量斗和搅拌缸的壁上而引起的误差，第一次放入铲斗的材料应废弃不用，而用第二次放入铲斗的集料供热粗集料的取样之用；<br>6. 将装载机铲斗放至地面，用方锹从 12 个方向和部位插入料层内取样，将所取料样拌和均匀后作为 1 份试样 |
| 成品料 | 搅拌缸下方 | 1. 宜从搅拌缸下方直接取样；<br>2. 在搅拌缸下方直接取样时，宜采用专用的旋转机械手取样器；<br>3. 如没有专用的旋转机械手取样器而用手持的取样器取样，则应在搅拌缸下方的接料卡车通道边上搭一平台，让取样人员有一个良好的站立位置；<br>4. 对高出取样器的堆帽，应用刮板沿取样器边缘将材料刮平 |
| | 成品料斗中 | 1. 从成品料斗中取得的料样将反映混合料从搅拌缸卸入成品料斗过程中所产生的离析；<br>2. 在料斗的 3 个不同方向取 3 份料样，拌和后成为 1 份试样；<br>3. 宜选用方铲作为取样工具，取样时应斜向伸入料堆内部至 30 cm 处取样；<br>4. 不得在料斗内料堆的顶部或根部取样 |
| | 装料卡车上 | 1. 从装料卡车上所取的料样包含了混合料从搅拌器卸入斗车、从斗车卸入成品料仓和从成品料仓卸入卡车过程中发生的材料离析；<br>2. 在卡车上取样应搭建专门的取样平台，使取样人员能方便地选择卡车的取样部位和稳定地操作；<br>3. 禁止取样人员站在卡车栏板上取样；<br>4. 不得在满载卡车的顶部和表面处取样；<br>5. 应在卡车车槽的长度和宽度方向的 1/3 处用方铲斜插入料堆内部至 30 cm 处取样；<br>6. 随机地选择卡车进行取样后，将 3 份料样拌和后作为 1 份试样 |
| | 摊铺机后方 | 1. 从摊铺机后方取样最能反映混合料经搅拌设备拌和好后，在装卸、运输、摊铺至路面上全过程中发生的材料离析情况；<br>2. 在摊铺机后方未经碾压处取样时，应选择卡车正在向摊铺机料斗中装料的过程中进行，而避免在空载和满载卡车交替过程中进行；<br>3. 可选择在摊铺机宽度的 1/3～1/2 处取样；<br>4. 取样时应用铁锹将摊铺层全部铲出，并注意不应将下层的材料铲入；<br>5. 随机地选择连续 3 辆卡车摊铺的混合料进行取样后，将 3 份料样拌和后作为 1 份试样 |

**表 7.4　集料及成品料缩分操作要点**

| 样品名称 | 缩分方法 | 缩分操作要点 |
| --- | --- | --- |
| 集料 | 机械切分法 | 适用于粗集料和干燥的细集料，应优先采用 |
| | 四分法 | 1. 应尽可能只进行一次四分法缩分；<br>2. 应用刮刀将顶部的料样摊平后再行缩分 |
| 成品料 | 四分法 | 1. 成品料的取样量应在符合规定最小取样量的条件下，尽可能使试样经一次缩分即可达到试验的要求；<br>2. 缩分操作应在平整的铁板上进行，在操作时倾倒在铁板上的混合料应先用刮刀将材料摊平；<br>3. 在缩分时应用目测的方法，尽可能使每份料样的粗集料大体平衡，必要时可人为地适当调整；<br>4. 缩分后的料样暂时不应弃倒掉，待试验结果出来后，如对试样代表性有怀疑，可用余下缩分料样进行试验，以做比较；<br>5. 试验人员应经过操作考核，以确认其能否达到均匀缩分（缩分的 4 份料样，沥青含量（质量分数）偏离其平均值的偏差不得大于 0.05%） |

## 7.4　级配碎石垫层质量控制

### 7.4.1　原材料质量控制。

垫层材料检验的质量标准及频率见表 7.5。

**表 7.5　垫层材料检验的质量标准及频率**

| 试验项目 | 材料名称 | 质量标准 | 频率 | 试验方法 |
| --- | --- | --- | --- | --- |
| 颗粒分析 | 碎石 | 级配良好 | 使用前测 2 个样品，使用过程中每 2 000 $m^3$ 测 2 个样品 | 筛分法 |
| 压碎值分析 | 碎石 | ≤30% | 使用前测 2 个样品，使用过程中有必要时检测，碎石种类变化时重测 2 个样品 | 集料压碎值试验 |
| 针片状颗粒含量（质量分数）分析 | 碎石 | ≤20% | 使用前测 2 个样品，使用过程中有必要时检测 | 针片状颗粒含量试验 |
| 液限、塑性指数分析 | 垫层材料中 0.5 mm 以下的细土 | 液限小于 28%，塑性指数小于 9 | 使用前测 2 个样品，使用过程中有必要时检测 | 液限、塑限联合测定法测液限；滚搓法塑限试验测塑限 |

### 7.4.2　试验段检测。

试铺结束后，应由业主组织施工单位、监理单位（按施工单位 50%频率）进行联检，质量监控单位对关键指标进行抽检，当各项技术指标符合相关规定后，由施工单位提出试铺总结，经批准后作为申请正式开工的依据。试验段检测的检查项目、频率和质量标准见表 7.6。

表 7.6 试验段检测的检查项目、频率和质量标准（每半幅 300～500 m）

| 项次 | 检查项目 | 规定值或允许偏差 | 施工自检频率 | 监理检测频率 |
| --- | --- | --- | --- | --- |
| 1 | 压实度 | 规定代表值为 96% | 每 100 m、每车道取样 2 次 | 每 200 m、每车道取样 2 次 |
| | | 规定极值为 92% | | |
| 2 | 平整度 | 规定值为 15 mm | 每 100 m 测 2 处，每处连续测 10 尺 | 每 200 m 测 2 处，每处连续测 10 尺 |
| 3 | 纵断高程 | 规定极值为+5 mm，-15 mm | 每 100 延米测 4 个断面 | 每 200 延米测 4 个断面 |
| 4 | 宽度 | 不小于设计值（单位为 mm） | 每 100 延米测 4 处 | 每 200 延米测 4 处 |
| 5 | 弯沉值 | 不大于设计值（单位为 $10^{-2}$ mm） | 每 20 m、每车道测 1 处 | 联测 |
| 6 | 横坡度 | 规定极值为±0.3% | 每 100 延米测 4 个断面 | 每 200 延米测 4 个断面 |
| 7 | 厚度 | 规定代表值为-10 mm | 每 100 m、每车道测 1 个点 | 每 200 m、每车道测 1 个点 |
| | | 规定极值为-25 mm | | |

7.4.3 施工质量检查验收。

碎石垫层施工完毕后，应按表 7.7 所示项目进行施工质量检查验收。

表 7.7 碎石垫层施工质量检查验收的实测项目

| 项次 | 检查项目 | 规定值或允许偏差 | 检查方法 |
| --- | --- | --- | --- |
| 1 | 压实度 | 规定代表值为 96% | 采用灌砂法或体积法，按 JTG F80/1—2017 附录 B 检查，每 200 m、每车道取样 2 次 |
| | | 规定极值为 92% | |
| 2 | 平整度 | 规定值为 15 mm | 采用 3 m 直尺，每 200 m 测 2 处，每处连续测 10 尺 |
| 3 | 纵断高程 | 规定极值为+5 mm，-15 mm | 采用水准仪，每 200 延米测 4 个断面 |
| 4 | 宽度 | 不小于设计值（单位为 mm） | 采用尺量，每 200 延米测 4 处 |
| 5 | 弯沉值 | 不大于设计值（单位为 $10^{-2}$ mm） | 每 40 m、每车道测 1 处 |
| 6 | 横坡度 | 规定极值为±0.3% | 采用水准仪，每 200 延米测 4 个断面 |
| 7 | 厚度 | 规定代表值为-10 mm | 按 JTG F80/1—2017 附录 H 检查，每 200 m、每车道测 1 个点 |
| | | 规定极值为-25 mm | |

7.4.4 外观鉴定。

外观鉴定要求如下：

（1）表面平整密实，边线整齐，无松散现象。

（2）经压路机碾压后无明显轮迹。

# 附录 A　交通荷载参数分析

## A.1　未考虑轴载谱

交通量初始数据主要来源于动态称重（WIM）实测，或各治超站实测交通量数据。在公路全柔式沥青路面结构验算中，交通量主要考虑车辆全重（含装载重量）大于 25 kN的车辆。设计基准期内交通量取决于日交通量分布、交通量年几何增长率$\tau$、设计年限及路面结构形式，对于公路全柔式沥青路面，其交通量可按式（A.1）和式（A.2）计算：

$$\mathrm{NE} = N \times \mathrm{CAM} \tag{A.1}$$

$$N = 365 \times \mathrm{MJA} \times C \tag{A.2}$$

式中　NE——累计交通量；

MJA——等效交通量；

$N$——路面设计年限内，车辆全重＞35 kN 的车辆总数量；

CAM——侵害系数，用于衡量重型车辆对路面造成的附加影响；

$C$——路面设计年限内的交通量增长率，若路面设计年限内的交通量几何增长率为$\tau$，则 $C = (1+\tau)^{p-1}/\tau$，其中$p$为路面设计年限。

## A.2　考虑轴载谱

考虑轴载谱的交通荷载参数可按照现行《公路沥青路面设计规范》（JTG D50—2017）附录A的有关规定进行计算。

# 附录B　路面结构验算分析

## B.1　沥青混合料结构层疲劳验算

沥青基层底部允许应变 $\varepsilon_{\text{t-allow}}$ 根据式（B.1）计算。

$$\varepsilon_{\text{t-allow}}=\varepsilon_6(10\ ^\circ\text{C},25\ \text{Hz})\times\sqrt{\frac{E\ (10\ ^\circ\text{C},10\ \text{Hz})}{E\ (\theta_{\text{eq}},10\ \text{Hz})}}\times\left(\frac{\text{NE}}{10^6}\right)^b\times k_c\times k_r\times k_s \tag{B.1}$$

式中　$\varepsilon_6(10\ ^\circ\text{C},25\ \text{Hz})$——$10^6$ 次荷载循环下测定的沥青混合料的耐疲劳性；

$b$——沥青混合料疲劳曲线的斜率，$-1<b<0$；

$\theta_{\text{eq}}$——等效温度；

$E$（10 ℃，10 Hz）——沥青材料在 10 ℃、10 Hz 时的动态模量；

$E$（$\theta_{\text{eq}}$，10 Hz）——沥青材料在等效温度、10 Hz 下的动态模量；

NE——累计交通量；

$k_c$——根据实际路面长期性能观测的结果调整计算模型的参数；

$k_r$——根据计算的失效风险调整允许应变的系数，可按式（B.2）和式（B.3）计算：

$$k_r=10^{-\mu\times b\times\delta} \tag{B.2}$$

$$\delta=\sqrt{\text{SN}^2+\left(\frac{c\times S_h}{b}\right)^2} \tag{B.3}$$

（其中，$\mu$ 为与风险水平相关的变量（正态分布），其值从附表 B.1 中选择；$\delta$ 为断裂对数的类型差异系数；SN 为沥青混合料疲劳试验的标准偏差；$S_h$ 为沥青路面厚度的允许标准偏差，从附表 B.2 中选择；$c$ 为将应变变化与路面厚度随机变化连接起来的系数，对于平常结构，$c$ 近似等于 0.02 $\text{cm}^{-1}$。）

$k_s$——折减系数，考虑了处理或修改层下软土层的承载力不均匀影响，其值取决于地层的承载力水平表面模量，$k_s$ 对地层不均匀性的调整见附表 B.3。

**附表 B.1　基于风险水平的 $\mu$ 值**

| $r$/% | $\mu$ | $r$/% | $\mu$ | $r$/% | $\mu$ |
|---|---|---|---|---|---|
| 1 | −2.326 | 5.6 | −1.590 | 23 | −0.739 |
| 1.5 | −2.170 | 7.5 | −1.439 | 24 | −0.706 |
| 2 | −2.054 | 10 | −1.282 | 25 | −0.674 |
| 2.5 | −1.960 | 11.5 | −1.200 | 30 | −0.524 |
| 2.8 | −1.911 | 12 | −1.175 | 35 | −0.385 |
| 3 | −1.881 | 15 | −1.036 | 40 | −0.253 |
| 5 | −1.645 | 20 | −0.842 | 50 | 0 |

注：$r$——设计使用年限内的开裂风险，%。

附表 B.2　沥青路面厚度的允许标准偏差

| 沥青层的厚度/m | $h<0.1$ | $0.1<h<0.15$ | $h>0.15$ |
|---|---|---|---|
| $S_h$/cm | 1.0 | 1+0.3×（$h$−10） | 2.5 |

附表 B.3　$k_s$对地层不均匀性的调整

| 土的模量/MPa | $E<50$ | $50\leqslant E<80$ | $80\leqslant E<120$ | $E>120$ |
|---|---|---|---|---|
| $k_s$ | 1～1.2 | 1～1.1 | 1～1.065 | 1.0 |

## B.2　路基容许压应变计算

中、重交通等级情况下，路基容许压应变$\varepsilon_{\text{z-allow}}$根据式（B.4）计算。

$$\varepsilon_{\text{z-allow}} = A \times \text{NE}^{-0.222} \tag{B.4}$$

式中　NE——累计交通量；

$A$——路基压应变系数，当 NE≤250 000 时 $A$=19 200，当 NE>250 000 时 $A$=14 400。

## B.3　计算值确定

拟定结构组合后，按照弹性层状理论进行结构层力学响应计算，获得附图B.1中$A$、$B$、$C$、$D$ 4个点处力学响应的最大值，力学响应计算点位如附图B.1所示。

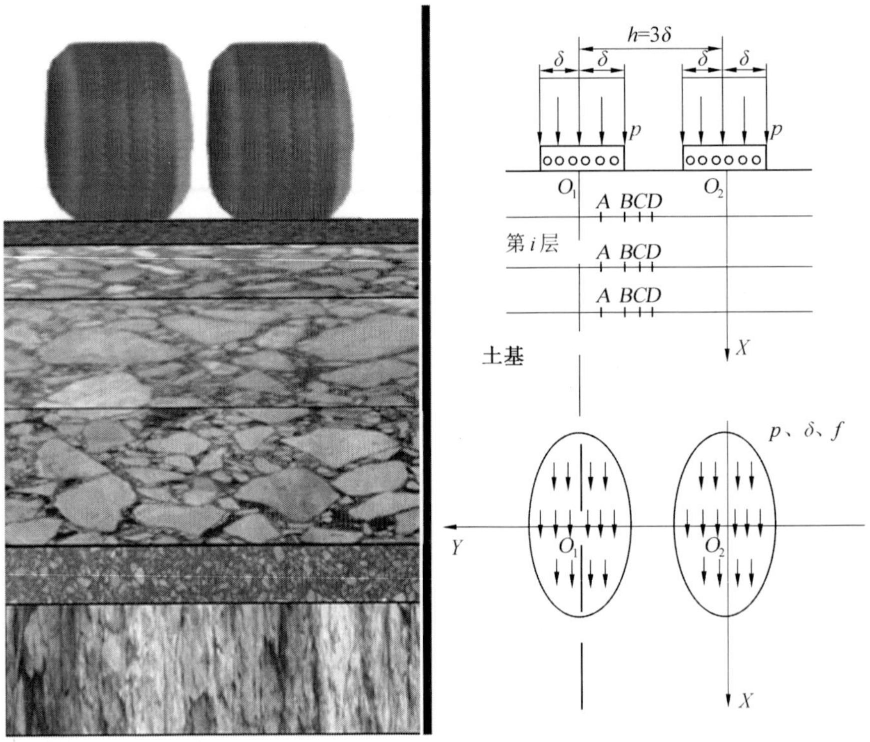


附图 B.1　力学响应计算点位

## B.4　路基顶面验收弯沉值

路基顶面验收弯沉值应按式（B.5）与式（B.6）计算。

$$l_g = \frac{176pr}{E_0} K_x \quad (B.5)$$

$$K_x = \frac{E_0}{E_x} \times 0.2 + 0.47h_x \quad (B.6)$$

式中 $l_g$——路基顶面验收弯沉值，$10^{-2}$ mm；

$p$——落锤式弯沉仪承载板施加荷载，MPa；

$E_0$——平衡湿度条件下路基顶面的当量回弹模量，MPa；

$K_x$——当路床采用无机结合料进行改良处治时的改良层修正系数；

$E_x$——路床所采用的无机结合料改良层的回弹模量，MPa；

$h_x$——路床所采用的无机结合料改良层的厚度，mm。

# 附录C　典型结构方案/典型公路全柔式沥青路面结构组合

（1）对于不同交通荷载等级，公路全柔式沥青路面结构组合参照附表C.1选用，也可根据本地工程经验确定。

（2）公路全柔式沥青路面结构层厚度可参考附表C.2，根据交通荷载等级进行选择，交通量大时宜取上限厚度或选择高一级交通荷载等级的参考路面结构层厚度，反之宜靠近下限取值。

（3）选择材料类型时应综合考虑交通荷载等级和气候条件，交通量大、气候条件不利时应选择性能更优的路面结构层材料。

（4）当路基湿度大、承载能力不足或路基土易遭受冲刷，且路面不含具有排水功能的结构层时，宜设置级配碎石作为土基刚度补偿层。

不同交通荷载等级下公路全柔式沥青路面典型结构见附表C.3～C.6（未给出土基刚度补偿层）。

**附表C.1　公路全柔式沥青路面结构组合**

<table>
<tr><td colspan="4">结构层组合类型</td></tr>
<tr><td rowspan="4">结构层</td><td rowspan="2">面层</td><td>抗滑磨耗层（上面层）</td><td>密集配沥青混合料、沥青玛蹄脂碎石、开级配沥青磨耗层、沥青表面处置等</td></tr>
<tr><td>抗车辙层（中、下面层）</td><td>高模量耐疲劳沥青混合料、密级配沥青混合料、沥青混合料等</td></tr>
<tr><td rowspan="2">基层（承重层）</td><td>上基层</td><td>沥青混合料、沥青稳定碎石、高模量耐疲劳沥青混合料等</td></tr>
<tr><td>底基层</td><td>沥青混合料、高模量耐疲劳沥青混合料、大粒径沥青稳定碎石LSPM等</td></tr>
<tr><td></td><td colspan="2">抗疲劳层</td><td>富油抗疲劳层沥青混合料等</td></tr>
<tr><td colspan="3">土基刚度补偿层</td><td>级配碎石、低剂量水泥稳定碎石等</td></tr>
<tr><td colspan="4">土基</td></tr>
</table>

**附表C.2　公路全柔式沥青路面结构层厚度推荐值**

| 交通荷载等级 | 极重、特重 | 重 | 中等 | 轻 |
|---|---|---|---|---|
| 面层厚度/mm | 60～150 | 60～150 | 60～150 | 60～150 |
| 上基层厚度/mm | 60～140 | 60～140 | 60～120 | 60～120 |
| 底基层厚度/mm | 60～140 | 60～140 | 60～120 | 60～120 |
| 抗疲劳层厚度/mm | 40～70或缺失 | 40～70或缺失 | 40～60或缺失 | 缺失 |
| 土基刚度补偿层厚度/mm | | 100～250 | | |
| 土基 | | | | |

附表 C.3　极重交通荷载等级下公路全柔式沥青路面典型结构

| 层位 | 材料类型 | 参数 | | | 典型结构图谱 |
|---|---|---|---|---|---|
| 上面层 | 密集配细粒式沥青混合料 | 结构层厚度为 3～5 cm | 结构层厚度为 3～5 cm | 结构层厚度为 3～5 cm | 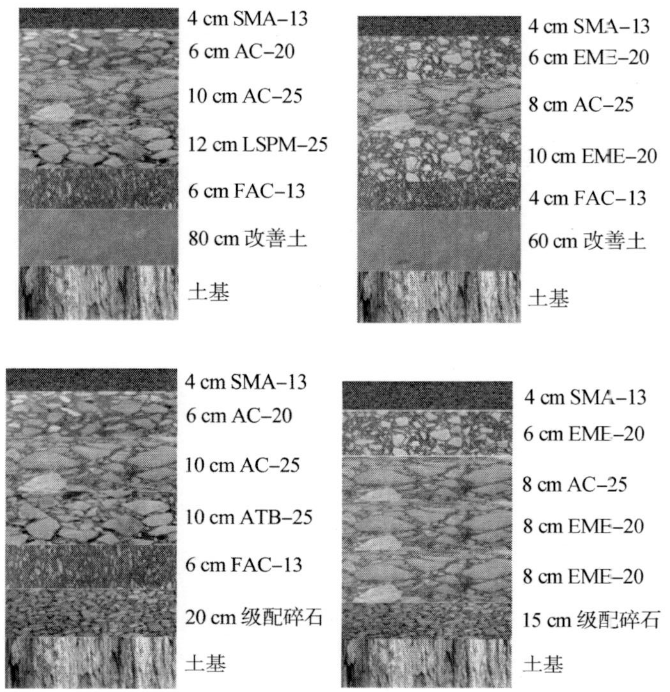 |
| 中、下面层 | 中粒式高模量耐疲劳沥青混合料/中粒式沥青混合料 | 结构层厚度为 5～8 cm | 结构层厚度为 5～8 cm | 结构层厚度为 5～8 cm | |
| 基层 | 粗粒式沥青混合料/沥青稳定碎石/高模量耐疲劳沥青混合料 | 结构层厚度为 7～10 cm | 结构层厚度为 7～10 cm | 结构层厚度为 7～10 cm | |
| 底基层 | 粗粒式沥青混合料/沥青稳定碎石/透水性沥青混凝土 | 结构层厚度为 8～12 cm | 结构层厚度为 8～10 cm | 结构层厚度为 8～10 cm | |
| 抗疲劳层 | 富油抗疲劳层沥青混合料 | 结构层厚度为 4～7 cm 或缺失 | 结构层厚度为 4～7 cm 或缺失 | 结构层厚度为 4～7 cm 或缺失 | |
| 土基 | | 当量回弹模量为 90～120 MPa | 当量回弹模量为 120～150 MPa | 当量回弹模量为 150～200 MPa | |

附表 C.4　特重交通荷载等级下公路全柔式沥青路面典型结构

| 层位 | 材料类型 | 参数 | | | 典型结构图谱 |
|---|---|---|---|---|---|
| 上面层 | 密集配细粒式沥青混合料 | 结构层厚度为 3～5 cm | 结构层厚度为 3～5 cm | 结构层厚度为 3～5 cm | 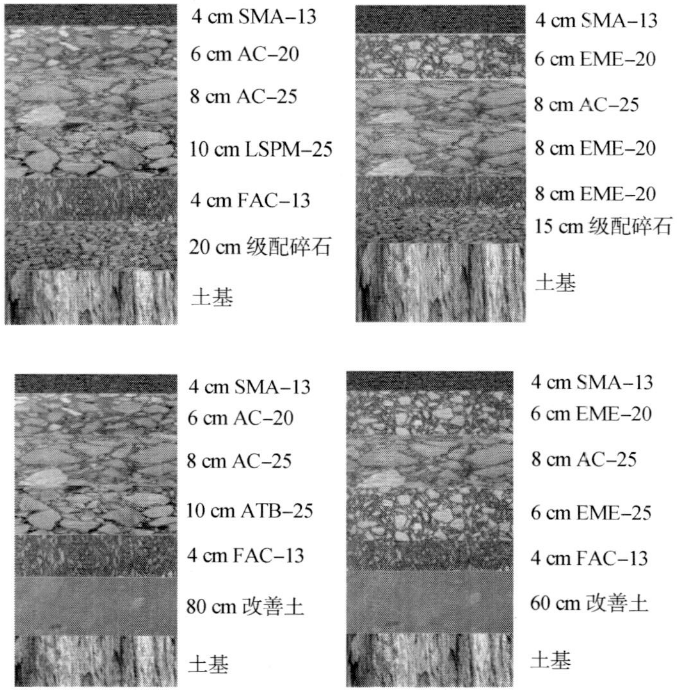 |
| 中、下面层 | 中粒式高模量耐疲劳沥青混合料/中粒式沥青混合料 | 结构层厚度为 5～7 cm | 结构层厚度为 5～7 cm | 结构层厚度为 5～7 cm | |
| 基层 | 粗粒式沥青混合料/沥青稳定碎石/高模量耐疲劳沥青混合料 | 结构层厚度为 6～8 cm | 结构层厚度为 6～8 cm | 结构层厚度为 6～7 cm | |
| 底基层 | 粗粒式沥青混合料/沥青稳定碎石/透水性沥青混合料 | 结构层厚度为 6～10 cm | 结构层厚度为 6～10 cm | 结构层厚度为 6～10 cm | |
| 抗疲劳层 | 富油抗疲劳层沥青混合料 | 结构层厚度为 4～8 cm 或缺失 | 结构层厚度为 4～8 cm 或缺失 | 结构层厚度为 4～8 cm 或缺失 | |
| 土基 | | 当量回弹模量为 90～120 MPa | 当量回弹模量为 120～150 MPa | 当量回弹模量为 150～200 MPa | |

附表 C.5　重交通荷载等级下公路全柔式沥青路面典型结构

| 层位 | 材料类型 | 参数 | | | 典型结构图谱 |
|---|---|---|---|---|---|
| 上面层 | 密集配组粒式沥青混合料 | 结构层厚度为 3～5 cm | 结构层厚度为 3～5 cm | 结构层厚度为 3～5 cm | 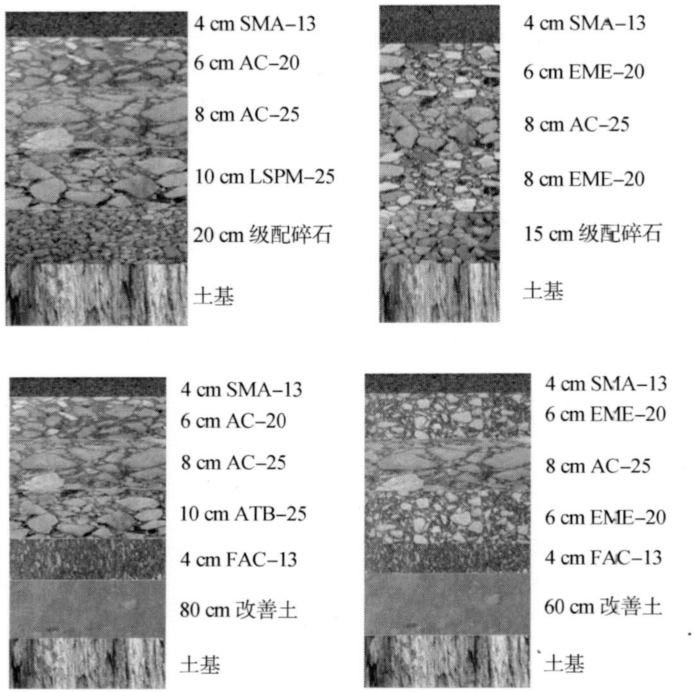 |
| 中、下面层 | 中粒式高模量耐疲劳沥青混合料/中粒式沥青混合料 | 结构层厚度为 5～8 cm | 结构层厚度为 5～8 cm | 结构层厚度为 5～8 cm | |
| 基层 | 粗粒式沥青混合料/沥青稳定碎石/高模量耐疲劳沥青混合料 | 结构层厚度为 6～8 cm | 结构层厚度为 6～8 cm | 结构层厚度为 6～7 cm | |
| 底基层 | 粗粒式沥青混合料/大粒径沥青稳定碎石/大粒径沥青混合料 | 结构层厚度为 6～12 cm | 结构层厚度为 6～10 cm | 结构层厚度为 6～10 cm | |
| 抗疲劳层 | 富油抗疲劳层沥青混合料 | 结构层厚度为 4～6 cm 或缺失 | 结构层厚度为4～6 cm或缺失 | 结构层厚度为 4～6 cm 或缺失 | |
| 土基 | | 当量回弹模量为 90～120 MPa | 当量回弹模量为 120～150 MPa | 当量回弹模量为 150～200 MPa | |

## 附表 C.6　中等、轻交通荷载等级下公路全柔式沥青路面典型结构

| 层位 | 材料类型 | 参数 | | | 典型结构图谱 |
|---|---|---|---|---|---|
| 上面层 | 密集配细粒式<br>沥青混合料 | 结构层厚度<br>为 3～5 cm | 结构层厚度<br>为 3～5 cm | 结构层厚度<br>为 3～5 cm | 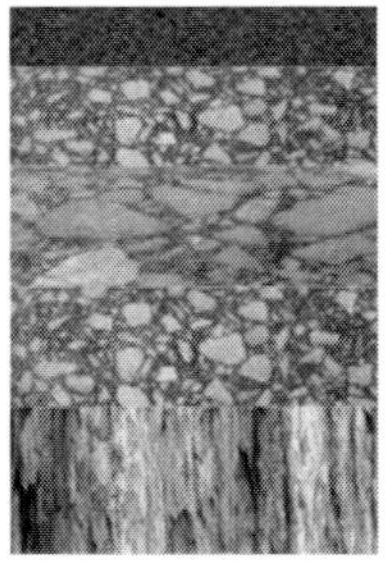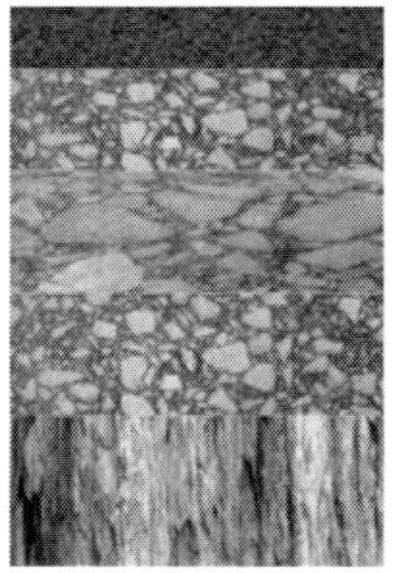 |
| 中、下面层 | 中粒式高模量耐疲劳<br>沥青混合料/中粒式沥青<br>混合料 | 结构层厚度<br>为 5～8 cm | 结构层厚度<br>为 5～8 cm | 结构层厚度<br>为 5～8 cm | |
| 基层 | 粗粒式沥青混合料/<br>大粒径沥青稳定碎石/<br>高模量耐疲劳沥青混凝土 | 结构层厚度<br>为 6～8 cm | 结构层厚度<br>为 6～8 cm | 结构层厚度<br>为 6～7 cm | |
| 底基层 | 粗粒式沥青混凝土/<br>沥青稳定碎石/透水性<br>沥青混凝土 | 结构层厚度<br>为 8～12 cm | 结构层厚度<br>为 8～10 cm | 结构层厚度<br>为 8～10 cm | |
| 抗疲劳层 | 富油抗疲劳层<br>沥青混合料 | 缺失 | 缺失 | 缺失 | |
| 土基 | | 当量回弹模<br>量为 90～<br>120 MPa | 当量回弹模<br>量为 120～<br>150 MPa | 当量回弹模<br>量为 150～<br>200 MPa | |

# 附录D　在线设计软件

依托山东省交通科学研究院开发的道可道网 www.daokedaoroad.com 在线设计平台，设置了“DKDAPD 在线路面结构设计系统”与本指南对接。该系统简介如下：

DKDAPD 在线路面结构设计系统是基于特定材料性能的沥青路面结构设计系统，采用自主开发的云端弹性层状体系理论力学计算引擎，可按照法国路面结构设计指南 *Road Pavement Structure Design——Application to New Pavement*（NF P98-086：2011）、澳大利亚沥青路面设计指南等实现国际主流沥青路面结构设计，同时与中国公路学会团体标准《全厚式沥青路面设计指南》对接。该系统拥有标准材料参数库，用户还可根据需求自定义材料。此外，该系统能够实现基于特定材料性能参数（模量和疲劳模型）的路面结构分析与设计，达到结构设计与材料设计的有机统一。DKDAPD 在线路面结构设计系统面向工程实践，提供友好、自动化的“一步一步执行”界面输入，并为用户提供定制化的报告导出功能，是一种以云计算和多用户协同为主要特征的在线路面结构设计软件，可满足设计单位、科研院所、高校及培训机构等不同用户的需求。

# 附录E　高模量耐疲劳沥青混合料

## E.1　目的与适用范围

本附录规定了采用硬质沥青或外掺剂的高模量耐疲劳沥青混合料的原材料技术要求、设计步骤、技术指标及性能指标。

## E.2　原材料技术要求

E.2.1　集料。集料应符合现行《公路沥青路面施工技术规范》（JTG F40—2004）的有关规定。

E.2.2　沥青。宜优先采用标号为15、20及25的硬质沥青，可采用附表E.1中推荐的沥青含量（质量分数）。

**附表 E.1　高模量耐疲劳沥青混合料的推荐沥青含量**

| 最大公称粒径/mm | 26.5 | 19 | 16 |
|---|---|---|---|
| 推荐沥青含量/% | 4.8 | 5.0 | 5.2 |

E.2.3　外掺剂。当采用标号为30或更高标号的沥青时，可添加外掺剂，以提升混合料的模量和耐疲劳性能。

## E.3　设计步骤

高模量耐疲劳沥青混合料的设计步骤如附图E.1所示。

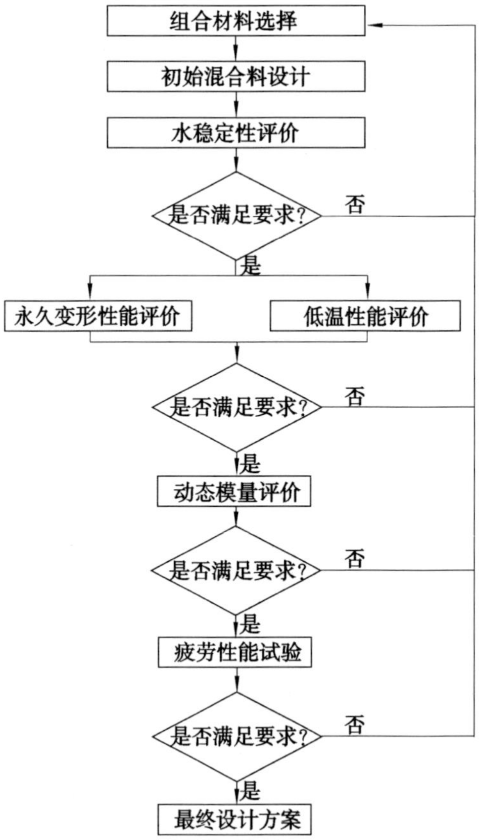


附图 E.1　高模量耐疲劳沥青混合料的设计步骤

## E.4 技术指标及性能指标

高模量耐疲劳沥青混合料的技术指标及性能指标必须满足附表E.2或附表E.3的要求，不满足技术指标或性能指标要求的混合料要更换原材料或重新设计。

附表 E.2 高模量耐疲劳沥青混合料的技术指标

| 技术指标 | 要求 | 试验方法 |
| --- | --- | --- |
| 空隙率/% | ≤4 | JTG E20—2011 中的 T 0705—2011 |
| 冻融劈裂残留强度比/% | ≥80 | JTG E20—2011 中的 T 0729—2000 |
| 动稳定度/（次 • $mm^{-1}$） | ≥4 000 | JTG E20—2011 中的 T 0719—2011 |
| 动态模量（45 ℃±0.5 ℃，10 Hz±0.1 Hz）/MPa | ≥4 000 | JTG E20—2011 中的 T 0738—2011 |
| 疲劳寿命（15 ℃±0.5 ℃，10 Hz±0.1 Hz，230 με ）/次 | ≥$10^6$ | JTG E20—2011 中的 T 0739—2011 |
| 低温弯曲试验破坏应变（-10 ℃±0.5 ℃）/ με | ≥2 000 | JTG E20—2011 中的 T 0715—2011 |

注：本技术指标要求参考国家标准GB/T 36143—2018提出。

附表 E.3 高模量耐疲劳沥青混合料的性能指标

| 性能指标 | 要求 | 试验方法 |
| --- | --- | --- |
| 孔隙率/% | ≤6 | EN 12697-31：2019 |
| 多列士试验得到的抗压强度比/% | ≥75 | BS EN 12697-12：2018 |
| 车辙试验 30 000 次的变形率/% | ≤7.5 | EN 12697-22：2020 |
| 动态模量（15 ℃，10 Hz）/MPa | ＞14 000 | BS EN 12697-26：2018 |
| 疲劳寿命（10 ℃，25 Hz，100 万次应变）/ με | ≥130 | BS EN 12697-24：2018 |
| 低温弯曲试验破坏应变（-10 ℃±0.5 ℃）/ με | ≥2 000 | JTG E20—2011 中的 T 0715—2011 |

注：本性能指标要求参考了一些欧洲标准并结合我国实际提出。

# 用 词 说 明

（1）本指南执行严格程度的用词，采用下列写法：

表示严格，在正常情况下均应这样做的用词，正面词采用“应”，反面词采用“不应”或“不得”。

表示允许稍有选择，在条件许可时首先应这样做的用词，正面词采用“宜”，反面词采用“不宜”。

表示有选择，在一定条件下可以这样做的用词，采用“可”。

（2）引用标准的用语采用下列写法：

在标准条文及其他规定中，当引用的标准为国家标准或行业标准时，表述为“可参照/应符合现行《×××××》（×××××）的有关规定”。

当引用标准中的其他规定时，表述为“应符合本指南第×章的有关规定”“应符合本指南第×.×节的有关规定”“应按本指南第×.×.×条的有关规定执行”。